Minúscula

+6 ANOS

ESCREVER E APAGAR

abremente

70 ATIVIDADES

+ CANETINHA COM APAGADOR

Catapulta

Abremente Minúscula
Os editores de Catapulta

Título em francês: Minuscules
Título em espanhol: Abremente Imprenta minúscula
Adaptado ao português por: Natasha Polak

Primeira edição.

Catapulta Editores Ltda.
Rua Passadena, 102, CEP: 06715-864,
Cotia, São Paulo, Brasil.
E-mail: info@catapulta.net - Web: www.catapulta.net

ISBN N° 978-65-5551-127-7

Impresso na China em julho de 2024.

Dados Internacionais de Catalogação na Publicação (CIP)
(Câmara Brasileira do Livro, SP, Brasil)

Abremente minúscula / [editores e tradutores da Catapulta ; adaptado por Natasha Polak]. – 1. ed. – Cotia, SP : Catapulta, 2024. – (Abremente escrever e apagar)

Título original: Abremente imprenta minúscula.
ISBN 978-65-5551-127-7

1. Alfabetização - Literatura infantojuvenil 2. Aprendizagem - Literatura infantojuvenil
I. Polak, Natasha. II. Série.

23-187389 CDD-028.5

Índices para catálogo sistemático:

1. Literatura infantil 028.5
2. Literatura infantojuvenil 028.5

Aline Graziele Benitez - Bibliotecária - CRB-1/3129

Direção de projeto: Natasha Polak
Coordenação de equipe: María José Lucero
Coordenação de arte: Cynthia Orensztajn

Coordenação de coleção: Ariela Kreimer
Edição: Valeria Iozzo
Coordenação de consultoria: Diego Barros
Consultoria didática: María Susana Barros - Florencia Tassara

Tradução para o português:
Carolina Caires Coelho
Revisão de estilo para o português:
Rhennan Santos

Colaboração de arte: Silvina Álvarez
Ilustração de personagens: Mariela Califano

Agradecimientos originales:
Thomas Bourguet, Jean-Louis Broust, Marine Courvoisier, Françoise Dufreneix, Elsa Duval, Marie-Sophie Ferquel, Corinne Fleury, Édouard Gentaz, Élisabeth Gildé, Brigitte Legendre, Laure Maj, Karine Marigliano, Olivia Maschio Esposito, Marjorie Seger, Emmanuelle Serrero-Desprès, Laure Tivolle, Marie-France Wolfsperger.
Ilustração: Marianne Dupuy-Sauze, Marion Billet (capas).
Diagramação: Nord Compo.

abremente

Minúscula

Uma canetinha com apagador que permite escrever e apagar nestas páginas várias vezes.

NESTE LIVRO VOCÊ ENCONTRARÁ:

Propostas originais para identificar e traçar letras minúsculas e aprender a escrevê-las com soltura.

+

Propostas criativas para se divertir e compartilhar, lendo histórias e brincando com atividades que promovem o letramento.

Personagens que acompanham esta viagem através da letra de fôrma minúscula.

Alto-relevo nas letras para percorrer com os dedos, organizadas de acordo com a dificuldade de seu traçado.

Inês, Vítor, Alice, Otávio, Rafaela e Yago se reúnem para finalizar a revista. Juntos, eles chegam a conclusão sobre como é interessante fazer pesquisas. Qual será? Inventem e escrevam essa mensagem quantas vezes quiserem.

Passem os dedos sobre as letras.
Divirtam-se fazendo isso lentamente
e depois cada vez mais rápido.

i l j t f

Que conquista!
Queremos que se repita.

É fabuloso alcançar uma meta! Yago está feliz por ter terminado seu artigo. É hora de publicá-lo na revista. Quais objetivos vocês alcançaram? Quais são suas próximas metas?

Investigam a incrível
inteligência das iguanas.

Inês e seus amigos escrevem artigos para uma revista. Cada um escolhe um tema e usa uma forma diferente de pesquisar. Ela navega pela internet e consulta sites. Qual é seu tema?

Paleontólogos apresentam ao país o inesperado resultado.

Sem poder parar, Yago continua escrevendo. Ele tem muito o que contar! Como ele terá reunido tanta informação? Pensem e descrevam os passos de uma pesquisa. Quais podem ser?

Lentamente, o brilho dos vaga-lumes ilumina a lagoa.

Ela adora falar sobre animais e não consegue parar de olhar a tela. Com um clique, aparecem fotos, e alguns insetos a deixam fascinada. Quais insetos chamam a atenção de vocês e por quê?

Genial descoberta gera grande alegria no lugar.

Yago se concentra para pensar como continuar. Depois, ele desliza seu dedo sobre a tela, onde aparece parte de sua senha. Ajudem a completá-la e vocês vão saber o que ele quer ser quando crescer.

Jovens e sujos jaguares

brincam juntos no juncal.

Inês continua pesquisando. Na ferramenta de busca, ela escreve a palavra “felinos” e encontra um animal que parece majestoso: o jaguar. Desenhem seu felino preferido. Como é sua pelagem?

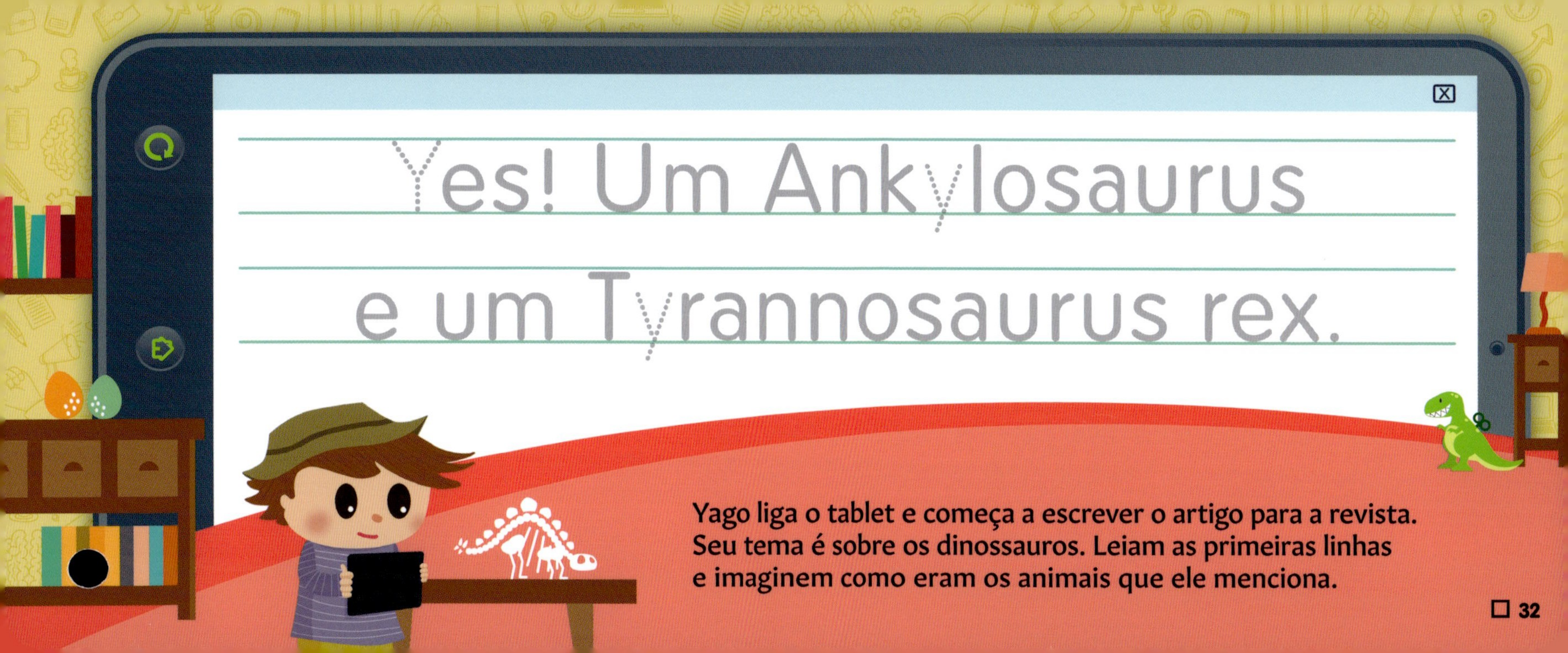

Yago liga o tablet e começa a escrever o artigo para a revista. Seu tema é sobre os dinossauros. Leiam as primeiras linhas e imaginem como eram os animais que ele menciona.

Todas as tarântulas
têm patas fortes.

De repente, Inês vê algo sobre seu teclado. Uma aranha! Com cuidado, ela a pega e a leva para fora. Depois, lê sobre os animais que dão medo. Inventem uma história de terror.

y g p q

Passem os dedos sobre as letras. Divirtam-se fazendo isso da esquerda para a direita e sem interrupções.

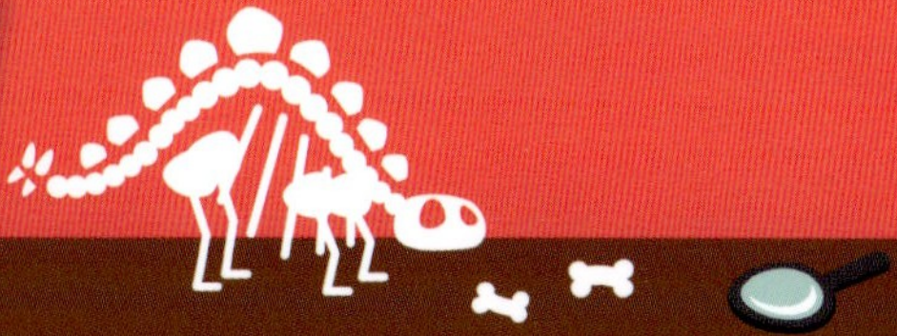

Fotografar uma família
de focas não é fácil.

Inês também gosta dos animais marinhos. Então, ela decide incluí-los em seu artigo. Nomeiem todos os animais que de que se lembrem ter visto alguma vez. Vocês os fotografaram?

Nathan criou uma campanha de bonecos reciclados.

Rafaela lê sobre bonecos fabricados com materiais reutilizados. Que boa ideia para compartilhar em seu artigo! Escrevam as instruções para fazer um desses brinquedos.

v w x k z

Passem os dedos sobre as letras.
Divirtam-se fazendo isso com os olhos abertos e depois com os olhos fechados.

Mensagem muito importante:
“Cuidemos do ambiente”.

Cada vez que encontra uma notícia interessante, Rafaela a recorta e a guarda. Quando terminar de pesquisar, ela vai reciclar esse papel. Como vocês cuidam de tudo o que está ao seu redor?

Para: Gabriel (seu primo, companheiro de aventuras)

Vamos a um festival para ver vários músicos ao vivo?

Vítor já escolheu o tema de seu artigo para a revista: música. Primeiro, ele envia um e-mail a seu primo para convidá-lo para um show. Pesquisem quais instrumentos pode haver em uma banda.

Hora de fazer algo
brilhante: uma horta.

O irmão de Rafaela a ajuda com sua pesquisa e empresta uma revista a ela. A menina lê sobre a importância das hortas. Pensem e enumerem tudo o que é necessário para fazer uma horta.

Para: Antônio (seu tio, apaixonado por música)

Woodstock na web!
Somente preciso de wi-fi.

Ao procurar mais informações, Vítor encontra um vídeo de um famoso festival de música e manda um e-mail a seu tio. Perguntem a seus familiares quais são suas bandas favoritas.

Nosso planeta necessita que aprendamos a conservá-lo.

Rafaela procura material em jornais para escrever seu artigo. Ela encontra muitas notícias, mas escolhe uma com um conselho valioso. Vocês se lembram de alguma notícia interessante?

Para: Paulo (seu professor de música)

Xilofone: minha próxima experiência. Terei êxito?

Em seu artigo, Vítor escreverá sobre como se fabricam os instrumentos musicais. Para isso, consulta um profissional. Quais instrumento vocês construiriam? Quais materiais usariam?

Reciclar e poupar energia
é importante para a Terra.

Rafaela se interessa por tudo o que acontece ao seu redor. Por isso, pesquisa sobre ecologia. Uma notícia no jornal chama sua atenção. Quais ações sustentáveis vocês conhecem?

De: Vanessa (sua amiga, fanática por rádio)

Kevin entrou no ranking
com seu "Rock do mundo".

Vítor recebe uma notícia por e-mail e começa a pesquisar sobre instrumentos de diferentes partes do mundo. Vocês conhecem algum originário do Brasil? Pesquisem os de outros países.

Passem os dedos sobre as letras.
Divirtam-se fazendo isso com
os olhos abertos e depois
com os olhos fechados.

r n h m

Para: Francisco (seu avô, que adora jazz)

Zás! Que beleza o jazz.

Estou muito feliz.

As pesquisas de Vítor estão indo muito bem, e ele se sente orgulhoso. Ele guarda os e-mails que envia e recebe na pasta "Nota musical". Quais estilos musicais vocês gostam de escutar?

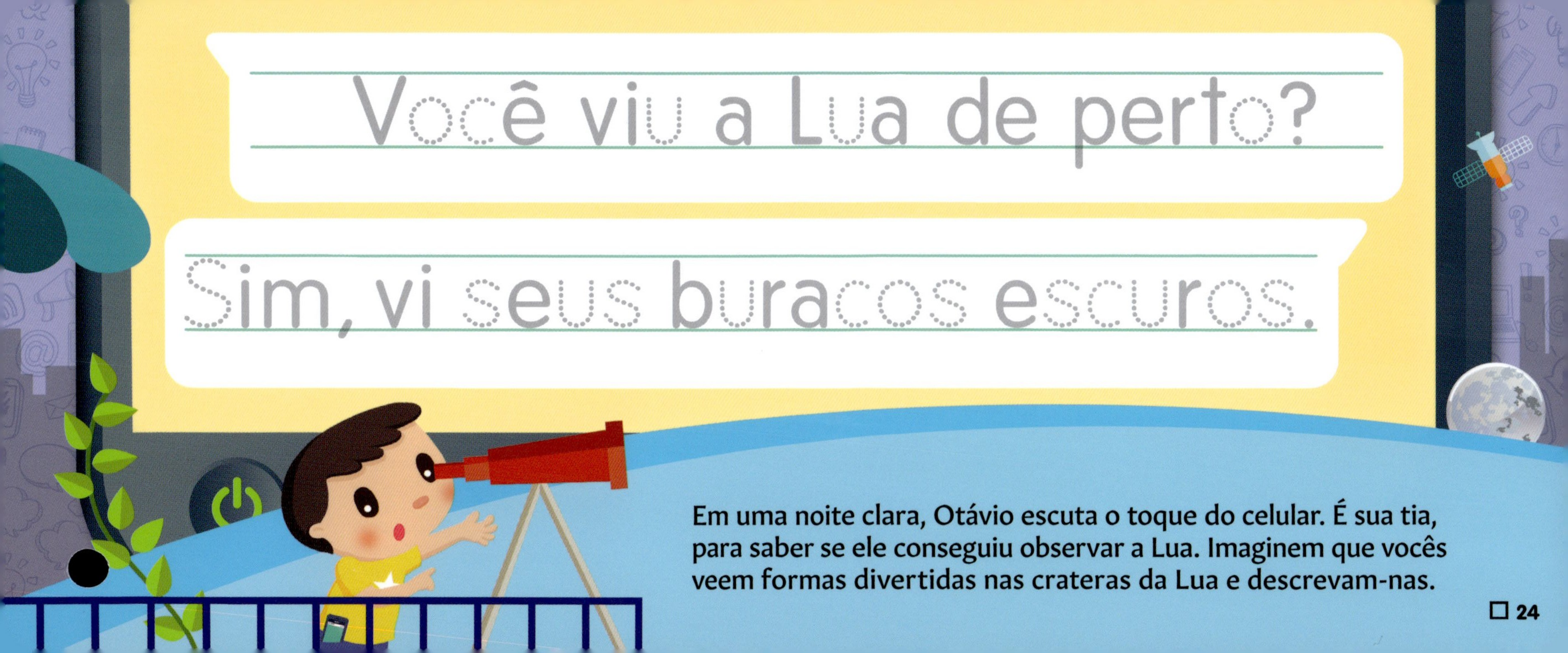

Em uma noite clara, Otávio escuta o toque do celular. É sua tia, para saber se ele conseguiu observar a Lua. Imaginem que vocês veem formas divertidas nas crateras da Lua e descrevam-nas.

Passem os dedos sobre as letras.
Divirtam-se fazendo isso da esquerda
para a direita e sem interrupções.

a e b d

Sonho em ser astronauta.

Seria impressionante!

Quando Otávio conta seu sonho, sua tia compartilha com ele vários links. Ao abri-los, ele se informa sobre os trajes espaciais e imagina como seria o dele. Desenhem um para vocês.

Algumas árvores alcançam alturas extraordinárias.

Alice escreverá sobre plantas, um tema que ela adora.
Ela não tem dúvida de onde buscar informação: na biblioteca.
O que vocês sabem sobre as plantas? Nomeiem suas partes.

Hum! Não pude ver a Lua.

Algumas nuvens a ocultaram.

Otávio fica desanimado em uma noite nublada.
Sua tia o anima e envia uma foto da Lua para ilustrar seu artigo. Vocês já viram imagens do universo? Quais?

Existem grandes e pequenas espécies que têm espinhos.

Em um livro, Alice lê um dado que a faz pensar nas rosas, suas flores preferidas. Ela vai descrever algumas em seu artigo.
De que cores são e que aromas têm as flores que vocês conhecem?

Constelação à vista!

Como você a reconheceu?

Em seu artigo para a revista, Otávio vai descrever o que observou. A cada noite, ele conta para sua tia tudo o que descobre no céu. Desenhem estrelas e liguem-nas para formar uma constelação.

Brotam as plantas debaixo
do sol e também à sombra.

Pouco a pouco, Alice resolve suas dúvidas sobre onde
as plantas podem viver e de que precisam para crescer.
Digam quais crescem no jardim, na varanda e dentro de casa.

Observarei pelo telescópio.

Oh, que maravilhoso!

Otávio vai usar seu telescópio para mais informações o universo e ele se comunica com sua tia astrônoma pelo celular. O que vocês acham que ele vai observar pelo telescópio?

Diversidade: quantidade de coisas diferentes.

Depois de ler muito, Alice se pergunta: o que significa "diversidade"? Então, ela procura essa palavra no dicionário. Pensem em diferentes palavras e encontrem suas definições.

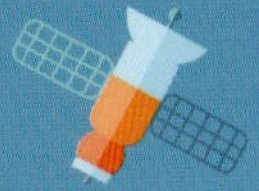

S U C O

Passem os dedos sobre as letras.
Divirtam-se fazendo isso lentamente
e depois cada vez mais rápido.

Livros com atividades e uma canetinha com apagador
para entrar no mundo do letramento.

ESCREVER E APAGAR

abremente

PARA TRAÇAR VÁRIAS VEZES

Para acompanhar o aprendizado da letra de fôrma

Minúscula

Para **observar**, **identificar** e **aprender a traçar** as letras

Para se **divertir** e **compartilhar**

Atividades

Alto-relevo nas letras

Uma **canetinha com apagador** para **escrever e apagar** várias vezes

OBRA

ISBN 978-65-5551-127-7